LÁ NO INTERIOR, NA VILA ABOBRINHA, VIVE O CHICO BENTO.
ELE ESTÁ USANDO SEU CHAPÉU DE PALHA.

ELE NÃO GOSTA MUITO DE ESTUDAR E SUAS NOTAS SÃO DE CHORAR. A FESSORA DONA MAROCAS BEM QUE TENTA AJUDÁ-LO...

ELE NÃO GOSTA MUITO DE ESTUDAR E SUAS NOTAS
SÃO DE CHORAR. A PROFESSORA DONA MAROCA BEM
QUE TENTA AJUDÁ-LO.

...MAS O QUE ELE GOSTA MESMO É DE TOCAR SUA VIOLA POR AÍ E DE BRINCAR COM SEUS AMIGOS EM MEIO À NATUREZA.

SUA TURMA É MUITO DIVERTIDA. ZÁ LELÉ, SEU PRIMO, ESTÁ SEMPRE ARRANJANDO CONFUSÃO. JÁ ZÉ DA ROÇA É O CONTRÁRIO DO CHICO: ELE ADORA ESTUDAR!

HIRO É FILHO DE IMIGRANTES JAPONESES E SUA FAMÍLIA MANTÉM OS COSTUMES DO PAÍS NATAL. AS HORTALIÇAS DELE SÃO NOTA DEZ!

CHICO TAMBÉM ADORA UMA BOA PESCARIA. ELE PASSA HORAS E HORAS SENTADO EM FRENTE A UMA LAGOA, ESPERANDO UM PEIXÃO DAQUELES.

ÀS VEZES, O CHICO ACABA ENGATANDO UM COCHILO GOSTOSO ENQUANTO PESCA. É QUE ESTAR EM MEIO À NATUREZA TRAZ A MAIOR PAZ...

ROSINHA É CHARMOSA QUE SÓ ELA. ELA É A MENINA DOS OLHOS DO CHICO, QUE FAZ DE TUDO PARA MIMÁ-LA E IMPRESSIONÁ-LA.

PARA O CHICO BENTO, É SEMPRE DIVERTIDO ESTAR EM MEIO À NATUREZA. ESTE ESPECIAL TRAZ DESENHOS LINDOS DA TURMA DA VILA ABOBRINHA PARA COLORIR!

IBC – INSTITUTO BRASILEIRO DE CULTURA LTDA.
CNPJ 04.207.648/0001-94
Avenida Juruá, 762 – Alphaville Industrial
CEP 06455-010 – Barueri/SP
www.editoraonline.com.br

Presidente: Paulo Roberto Houch
MTB 0083982/SP

Editora: Priscilla Sipans
(redacao@editoraonline.com.br)
Coordenador de Arte: Rubens Martim
Programadora Visual: Evelin Cristine Ribeiro
Vendas: Tel.: (11) 3393-7727 (comercial2@editoraonline.com.br)

2ª Impressão | 2023

Segurança

Registro 007026/2021

Compulsório

OCP 0061

INMETRO

0-3

ARTIGO ESCOLAR

ATENÇÃO!

NÃO RECOMENDÁVEL PARA CRIANÇAS DE ATÉ 3 (TRÊS) ANOS, POR CONTER PARTE(S) PEQUENA(S) QUE PODE(M) SER ENGOLIDA(S) OU ASPIRADA(S). CRIANÇAS DE ATÉ 8 (OITO) ANOS DEVEM UTILIZAR SOB SUPERVISÃO DE UM ADULTO, POR CONTER PONTA(S) AGUDA(S) FUNCIONAL(IS).

ESTE SELO DE IDENTIFICAÇÃO DA CONFORMIDADE SE REFERE AO ARTIGO ESCOLAR E NÃO A TODO O PRODUTO DESTA EMBALAGEM.

IBC - INSTITUTO BRASILEIRO DE CULTURA LTDA.
CNPJ 04.207.648/0001-94
AV. JURUÁ 762 - ALPHAVILLE INDUSTRIAL
BARUERI/SP CEP 06455-010

COMPOSIÇÃO: PLÁSTICOS E GRAFITE COLORIDO
PRAZO DE VALIDADE INDETERMINADO
GUARDAR ESSA EMBALABEM PARA EVENTUAIS CONSULTAS

ORIGEM: ÍNDIA – SAC: ATENDIMENTO@EDITORAONLINE.COM.BR

COLORIR

A PARTIR DE 4
NÍVEL 1

PREÇO SUGERIDO
ISBN 978-85-432-2954-6
Ano 01
Edição 05
IMPRESSO NA ÍNDIA – LOTE 963